MINI PATTE

Le hamster

Petit curieux

Texte et photos de Paul STAROSTA
Illustrations de Delphine VAUFREY

Collection dirigée par Valérie Tracqui

MILAN
jeunesse

Vite sorti

C'est le soir. Tout est calme dans la chambre. Comme il fait doux et que la porte de sa cage est ouverte, le petit hamster décide de partir en expédition. Mais à peine pointe-t-il son nez dehors qu'une petite fille ferme la porte. « Non ! Pas maintenant, Biscotte, je vais bientôt me coucher… » Dommage ! Il aurait pu découvrir un dessous d'armoire, ou un trou de souris…

La journée, la cage du hamster est placée dans une chambre à l'abri du soleil et des courants d'air. Attention à bien fermer la porte !

Nocturne

Pendant que toute la famille dort, le petit hamster s'active. Il n'a pas une bonne vue, mais il entend très bien. Le petit acrobate est bien équipé pour escalader, avec ses pattes griffues et ses pelotes antidérapantes. Il grimpe sur les parois, monte, descend, ronge les barreaux, fait des kilomètres dans sa roue. Que de bruit ! Il vaut mieux l'isoler la nuit.

Le hamster se sert de ses longues moustaches pour « sentir » les obstacles dans le noir.

Avec ses 120 g, il est trop léger pour jouer du piano : il ne fait même pas bouger les touches.

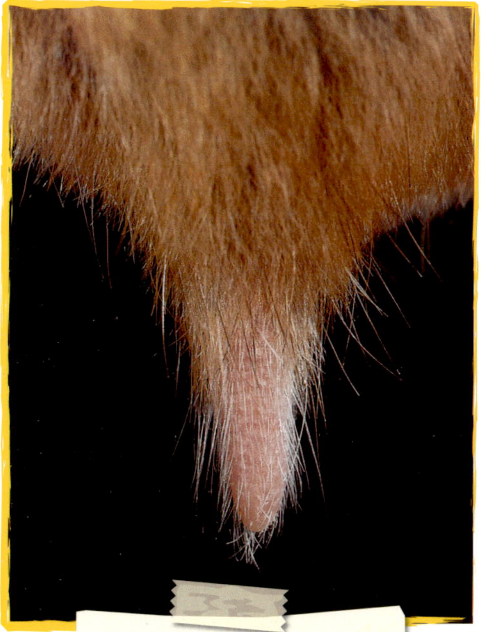

Toute petite, sa queue ne lui sert pas à grand-chose.

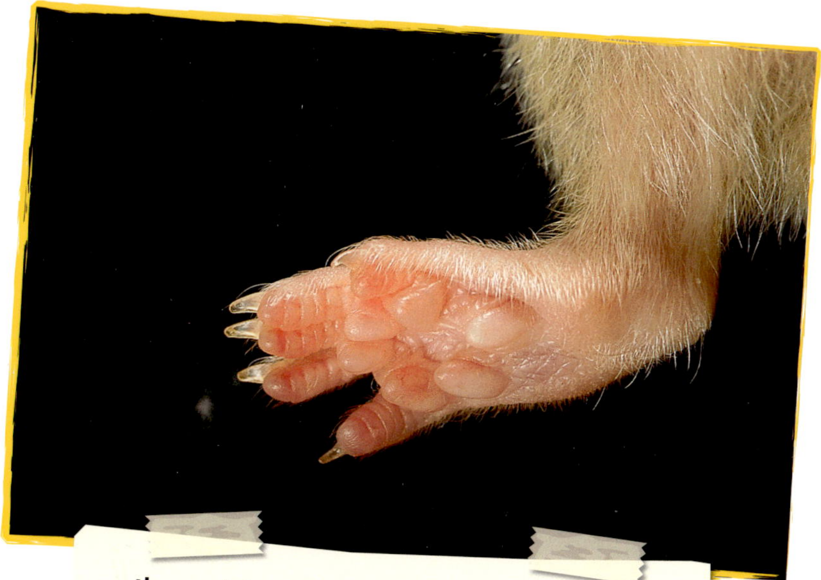

Il possède 5 doigts aux pattes arrière et 4 à celles de devant. Tous ont des griffes.

Ses oreilles sont sensibles au moindre bruit. De plus, elles se replient, quand il est inquiet.

Tout est bon !

Le hamster aimerait bien se mettre quelque chose sous la dent ; ou plutôt, sous les 4 dents, 2 en haut et 2 en bas. Ces dents, les incisives, sont tranchantes et, en plus, elles poussent tout le temps. Alors, il faut qu'il les use. Sinon elles deviendraient si grandes qu'il ne pourrait plus fermer la bouche. Pas étonnant que le hamster ronge n'importe quoi : une noix, un fil électrique…

Ce spaghetti est vraiment trop long ! Pas de problème…

Le hamster le coupe en petits bouts avec ses dents de devant.

Et hop ! Il transporte cette belle noix entre ses dents pointues pour la ronger au calme.

Et il les met dans ses poches... au lieu de les avaler.

Dans la poche

Le hamster adore faire des réserves. Alors, il ramène tous ses trésors jusqu'à sa cachette. Facile!
À l'intérieur de la bouche, il a 2 grandes poches, une sur chaque joue.
Si on lui donne une châtaigne ou des bouts de pomme… pfft! plus rien… Tout disparaît, comme avec un aspirateur.
Et ses joues gonflent, gonflent…

La châtaigne est bien trop grosse pour ses poches. Alors, il commence par la décortiquer.

Chic, des morceaux de pomme! Et hop! c'est dans la poche. Il va les déposer en lieu sûr.

Il met tout ce qu'il peut dans ses abajoues. Ces poches deviennent vraiment énormes.

Pour vider ses poches, le hamster pousse sur ses joues avec ses pattes, et tout est recraché.

Il peut descendre la tête en bas en se retenant avec ses pattes arrière.

Grimper à l'échelle, quoi de plus facile ? Le hamster adore ça, et il le fait 100 fois par nuit.

Du sport

Et hop ! un rétablissement. Quel acrobate ! Il peut même se suspendre au plafond de sa cage.

Comme on le gâte, le hamster a tendance à manger un peu trop…
Il faut qu'il fasse de l'exercice.
Sa maîtresse lui construit des parcours. Elle coince sa roue pour qu'il l'escalade. Elle lui présente toutes sortes d'objets à explorer…
Mais il ne faut pas le quitter des yeux. Aïe ! Où est-il passé ? Attention ! Elle regarde où elle met les pieds de peur de l'écraser. La petite bête a disparu.

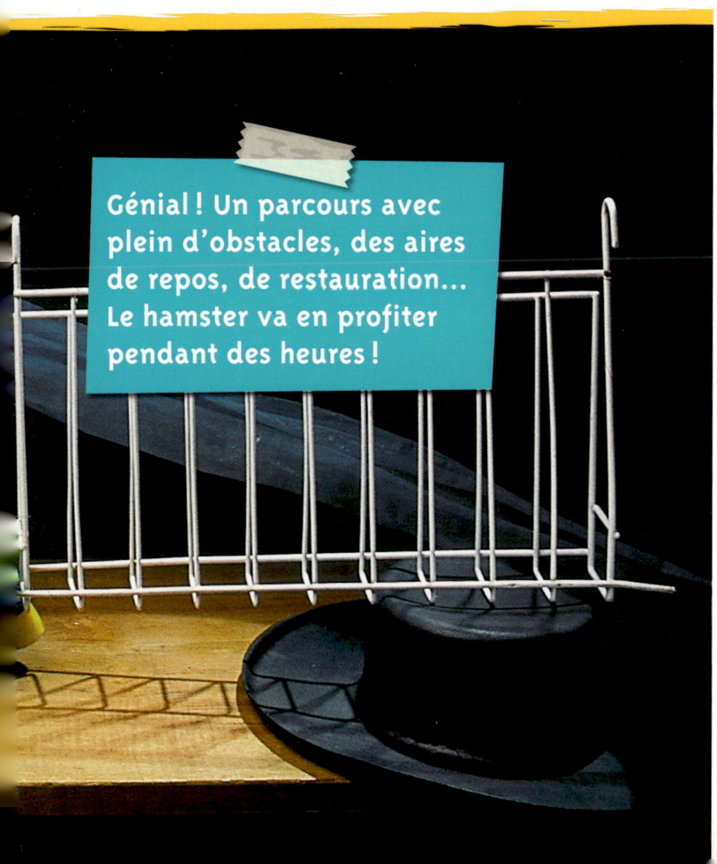

Génial ! Un parcours avec plein d'obstacles, des aires de repos, de restauration… Le hamster va en profiter pendant des heures !

Coquin !

Pendant qu'on le cherche, le petit curieux s'approche d'une énorme bête à poils et à moustaches, avec une longue queue. Il la renifle puis, trouvant une porte entrouverte, il se faufile dehors.
Que de merveilles ! Des pissenlits juteux, des touffes d'herbe…
Il ne sait plus où donner du nez.
Mais le jardin n'est pas un paradis, il est plein de dangers.
Que fais-tu là, Biscotte ?

Méfiez-vous du chat.
Pour le hamster, c'est un ogre qui ne dort que d'un œil.

Courir dans l'herbe, c'est vraiment un plaisir. Mais le coquin ne sait pas qu'il y risque sa vie.

La fillette vient de retrouver son copain. Elle est très en colère, il aurait pu se faire attraper par le chien, un oiseau...

Un bref mariage

Un soir, la fillette décide de présenter un petit mâle coquet à sa jolie femelle. Normalement, ce ne sont pas des choses à faire, car les hamsters sont des solitaires. Mais comme Biscotte a déjà 2 mois, elle peut avoir des bébés. Alors elle accepte d'être mariée selon la tradition. Autrement dit, pas plus d'une demi-heure ensemble, sinon c'est la bagarre !

La journée, ou quand il fait trop froid, le hamster se blottit en boule pour dormir. Inutile de le déranger !

On sort Biscotte de sa cage avant le mariage, mais elle a repéré le bonsaï !

Quand il ne se sent pas très à l'aise, le hamster fait sa toilette, comme pour se rassurer.

Le mâle, à gauche, est un peu plus petit que la femelle. On le reconnaît à son gros arrière-train.

Les voilà

Quelques jours plus tard, la femelle amasse toutes sortes d'objets : paille, tissu, mouchoir en papier…
Elle fait un nid douillet pour ses bébés. Seize jours après l'accouplement, la mère donne naissance à plusieurs petits, tout nus, roses, avec les yeux fermés. Ils ne pèsent que 2 g et sont vraiment sans défense. Mais leur mère les protège, en se mettant sur eux.

Avec 12 tétines, pas de problème pour nourrir tous les nouveau-nés en même temps.

En 5 jours, les taches de couleur apparaissent sur la peau des bébés, qui sont encore minuscules.

À 10 jours, les bébés sont couverts de poils, mais leurs yeux ne s'ouvrent que 3 ou 4 jours après.

Les jeunes hamsters ne tètent plus. Ils ont 3 semaines et vont bientôt quitter leur mère.

Les jeunes quittent la cage familiale pour devenir solitaires. Ils pourront vivre 2, 3 ou même 4 ans.

Chacun va découvrir un nouvel univers.

En quelques jours, le jeune hamster est apprivoisé par sa nouvelle maîtresse.

Chacun sa vie

Un mois plus tard, les jeunes hamsters sont déjà très agiles. Ils sont séparés de leur mère, car elle ne les supporte plus. Ils jouent alors entre frères et sœurs, curieux de tout. Mais cela ne dure pas, car, à partir de 2 mois, les jeux se transforment plutôt en bagarres, parfois graves. Il est temps pour chaque jeune de trouver un nouveau lieu de vie. Il leur faudra un gentil maître, qui saura leur donner de l'affection, une maison, de bons repas… et de quoi jouer, bien sûr.

Élever un hamster ?

Avoir pour copain un hamster est facile. Il ne sent pas mauvais, et s'apprivoise en douceur. Il faut le nourrir régulièrement et surtout le sortir souvent de sa cage pour qu'il puisse explorer à sa guise…

La cage

La cage doit être spacieuse, placée à l'intérieur, mais pas au soleil. Il vaut mieux un étage avec un plancher plein, car le hamster déteste se tordre les pattes.
Il faut nettoyer la cage à fond tous les mois et changer l'épaisse litière de copeaux toutes les semaines.

La roue

Un hamster peut faire 3 ou 4 km en une nuit, sans quitter sa cage… dans sa roue ! Elle est indispensable à sa gymnastique quotidienne.

La maison

Il lui faut une petite maison où il puisse se cacher : en pierre, en bois ou en plastique, peu importe. Là, on ne le dérange pas, sinon gare aux dents.

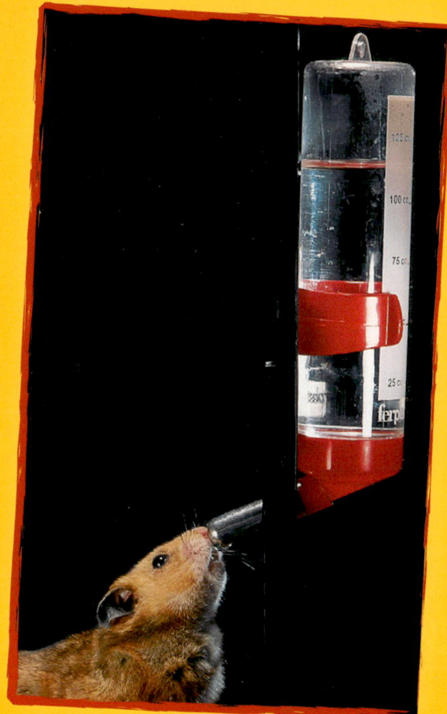

Le biberon

Le biberon est pratique pour donner à boire au hamster. Il peut se servir quand il en a besoin. Mais l'eau doit être toujours propre.

La sortie

Le sortir de sa cage, c'est bon pour son moral et pour son esprit curieux.

La nourriture

Dans une coupelle, on verse du mélange pour hamsters tout prêt. Et 2 fois par semaine, on met un bout de fromage ou d'œuf dur, et un morceau de fruit ou de légume.

PROTECTION

Nos meilleurs ennemis !

Les rongeurs ne sont pas très aimés des hommes. Ils attaquent les cultures ou les réserves alimentaires ; ils transmettent parfois des maladies aux êtres humains. Pourtant, ce sont aussi des proies de choix pour les prédateurs : oiseaux et carnivores.

Les premiers hamsters dorés ont été découverts, à l'état sauvage, dans un milieu proche de celui-ci.

Tous de la même famille

En 1930, un savant de l'université de Jérusalem fit une expédition en Syrie. Dans une région assez désertique, il découvrit une femelle hamster avec ses 11 petits. Il les ramena à son laboratoire et les fit se reproduire. Puis il en envoya en Europe et en Amérique. Si bien que tous les hamsters dorés en captivité aujourd'hui sont des descendants de cette petite famille.

Le grand hamster fait des dégâts, mais on ne peut le laisser disparaître !

Un cousin sauvage...

Le hamster d'Europe vit dans les pays de l'Est. C'est un géant : il est 2 fois plus lourd que le hamster doré. Comme lui, c'est un solitaire, qui creuse un terrier.
Il s'en sert pour dormir, pour stocker ses réserves et pour hiberner l'hiver. Mais il ne peut être élevé comme copain, car il a très mauvais caractère et mord fort ! Devenu rare, il est aujourd'hui protégé.

Très utiles pour la recherche

Hamsters, souris, rats, cochons d'Inde… Les rongeurs sont des millions dans les laboratoires. On les élève facilement et ils se reproduisent rapidement. Grâce à eux, on peut tester les nouveaux médicaments et faire avancer nos connaissances.

Les souris blanches sont utilisées pour des expériences.

Autres copains

Parmi la vingtaine d'espèces de hamsters, 5 sont des animaux de compagnie. Tous font partie du groupe des rongeurs. D'autres petits animaux, de familles différentes, peuvent être élevés à la maison. Si on leur fournit tout ce dont ils ont besoin et de l'affection, ils s'apprivoisent facilement.

La gerbille

La gerbille de Mongolie est, parmi les 80 espèces de gerbilles, la plus facile à apprivoiser, si on la prend jeune. Mais elle est très vive et peut faire des bonds surprenants. Elle supporte des compagnons dans sa cage et reste éveillée le jour.

Le rat

Le rat est un animal intelligent, pas trop peureux, et qui peut même devenir très affectueux. Il est joueur et ne mord pas. Facile à apprivoiser, simple à nourrir et à loger, c'est vraiment un bon copain.

Le lapin nain

Le lapin nain est vraiment adorable, il ne fait pas de bruit et supporte très bien la vie en appartement. Seul problème : il ronge tout (le bois, les fils électriques, les plantes vertes…).

Le chinchilla

Le chinchilla est un animal intelligent et affectueux si on l'apprivoise petit. Sa fourrure est superbe et très douce. Le chinchilla a en plus l'avantage de vivre aussi longtemps qu'un chien.

Le cochon d'Inde

Le cochon d'Inde, ou cobaye, est un paisible copain. Il aime la compagnie et couine si on le laisse trop seul. Il vit longtemps pour un petit rongeur : 5 ans. Il craint beaucoup moins le froid que le hamster doré mais, comme il est plus gros, il lui faut plus d'espace.

Quelques questions sur la vie du hamster, dont tu trouveras les réponses dans ton livre.

Crédit photographique :

Toutes les photos sont de Paul STAROSTA, sauf :

Agence BIOS :

D. HALLEUX : p. 20 (h), 21 (h) ; N. THEROND : p. 21 (b), 24 (b) ; J.-L. KLEIN et M.-L. HUBERT : p. 24 (h), 25 (hg) ;

R. KREKELS/FOTONATURA : p. 27 (h) ; D. BRINGARD : p. 27 (b).

Agence COLIBRI :

A. GUERRIER : p. 25 (bg) ; C. TESTU : p. 28 (b), 29 (hg) ; A.-M. LOUBSENS : p. 29 (hd) ; J. DELPECH : p. 29 (bg).

Milan/D. CHAUVET : p. 22 (b), 23 (h), 22-23.

www.editionsmilan.com

300, rue Léon-Joulin, 31101 Toulouse Cedex 9, France.

Loi 49.956 du 16.07.1949

Dépôt légal : 1er trimestre 2007

ISBN : 978.2.7459.2692.0

Imprimé en Espagne